I0824594

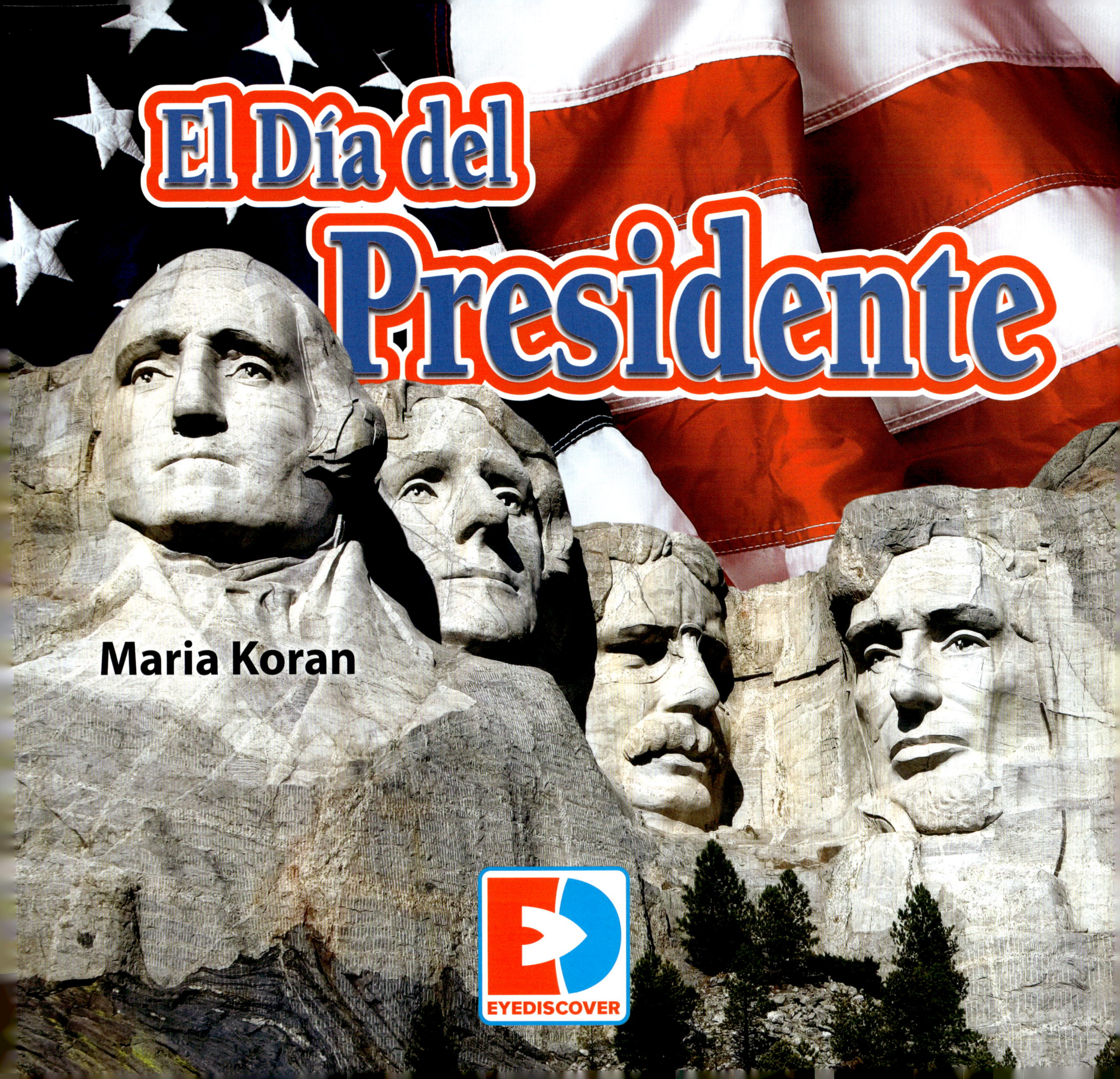
El Día del
Presidente
Maria Koran
EYEDISCOVER

Ve a **www.openlightbox.com** e ingresa el código único de este libro.

CÓDIGO DEL LIBRO

AVB72879

EYEDISCOVER te trae libros mejorados por multimedia que apoyan el aprendizaje activo.

Published by Lightbox Learning Inc.
276 5th Avenue, Suite 704 #917
New York, NY 10001
Website: www.openlightbox.com

Copyright ©2023 Lightbox Learning Inc.
All rights reserved. No part of this publication may be reproduced, stored in a retrieval system, or transmitted in any form or by any means, electronic, mechanical, photocopying, recording, or otherwise, without the prior written permission of the publisher.

Library of Congress Control Number: 2021950531

ISBN 978-1-7911-4393-0 (hardcover)

Printed in Guangzhou, China
1 2 3 4 5 6 7 8 9 0 25 24 23 22 21

122021
102521

English Editor: John Willis
Spanish Editor: Ana María Vidal
Designers: Mandy Christiansen
Spanish/English Translator: Translation Services USA

Lightbox Learning Inc. acknowledges Alamy, Getty Images, and iStock as the primary image suppliers for this title

EYEDISCOVER proporciona contenido enriquecido, optimizado para el uso en tabletas, que complementa este libro. Los libros de EYEDISCOVER se esfuerzan por crear un aprendizaje inspirado e involucrar a las mentes jóvenes en una experiencia de aprendizaje total.

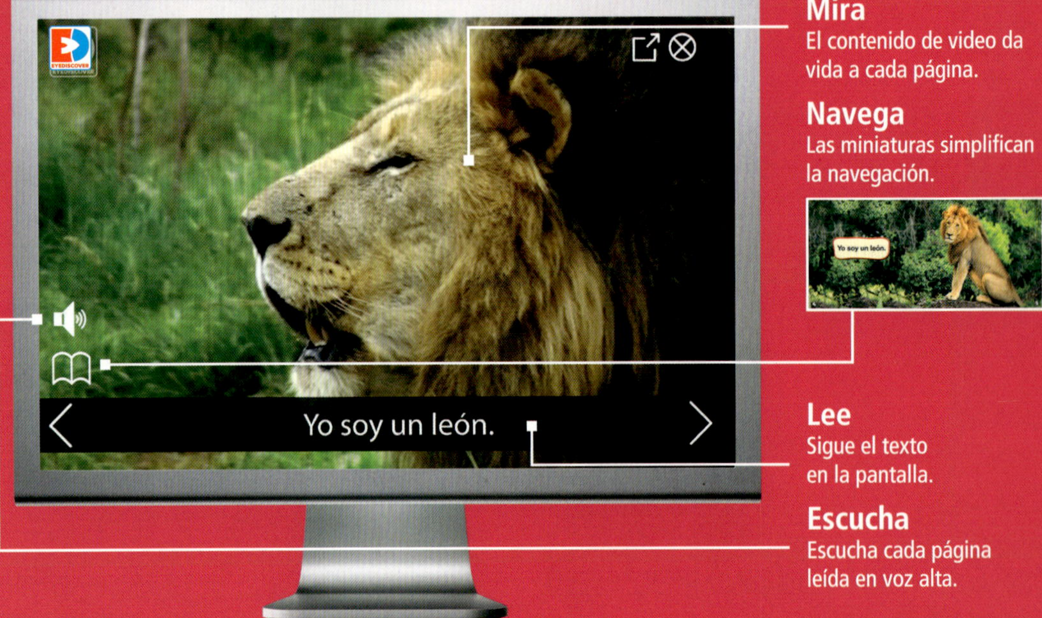

Tu EYEDISCOVER con Seguimiento de Lectura Óptico cobra vida con...

Audio
Escucha todo el libro leído en voz alta.

Video
Los videos de alta resolución convierten cada hoja en un seguimiento de lectura óptico.

OPTIMIZADO PARA
- TABLETAS
- PIZARRAS ELECTRÓNICAS
- COMPUTADORES
- ¡Y MUCHO MÁS!

Este título es parte de nuestra suscripción digital de EyeDiscover

1-año de suscripción
ISBN 978-1-4896-8346-5

Accede a todos los títulos de EyeDiscover con nuestra suscripción digital. Regístrate para una prueba GRATUITA en www.openlightbox.com/tria

El Día del Presidente

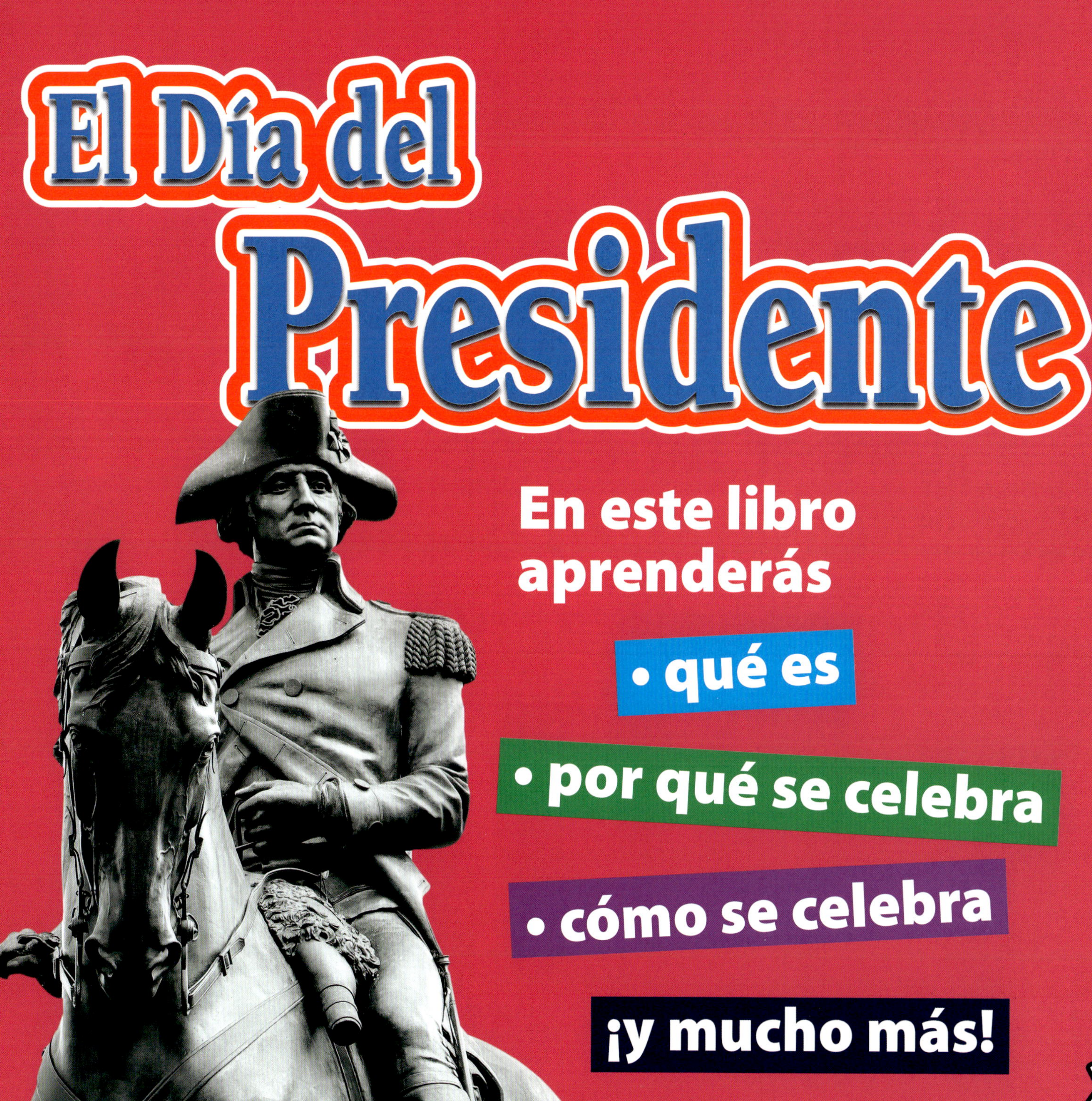

En este libro aprenderás

- qué es
- por qué se celebra
- cómo se celebra

¡y mucho más!

El Día del Presidente se celebra todos los años el tercer lunes de febrero. Comenzó como un homenaje al presidente George Washington.

6

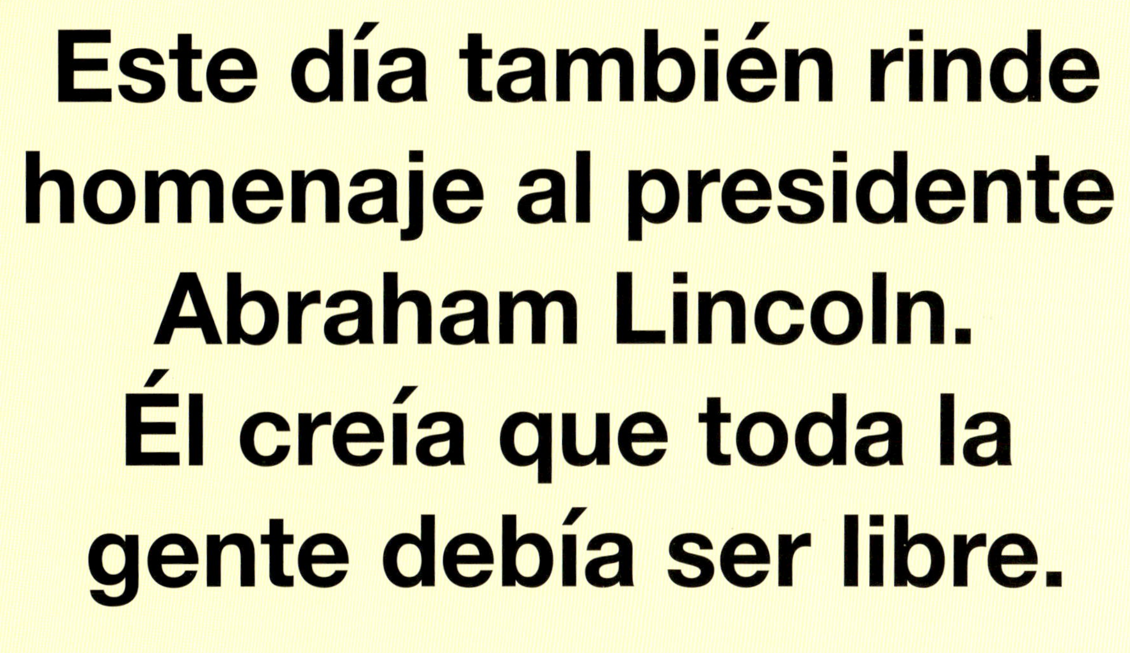

Este día también rinde homenaje al presidente Abraham Lincoln. Él creía que toda la gente debía ser libre.

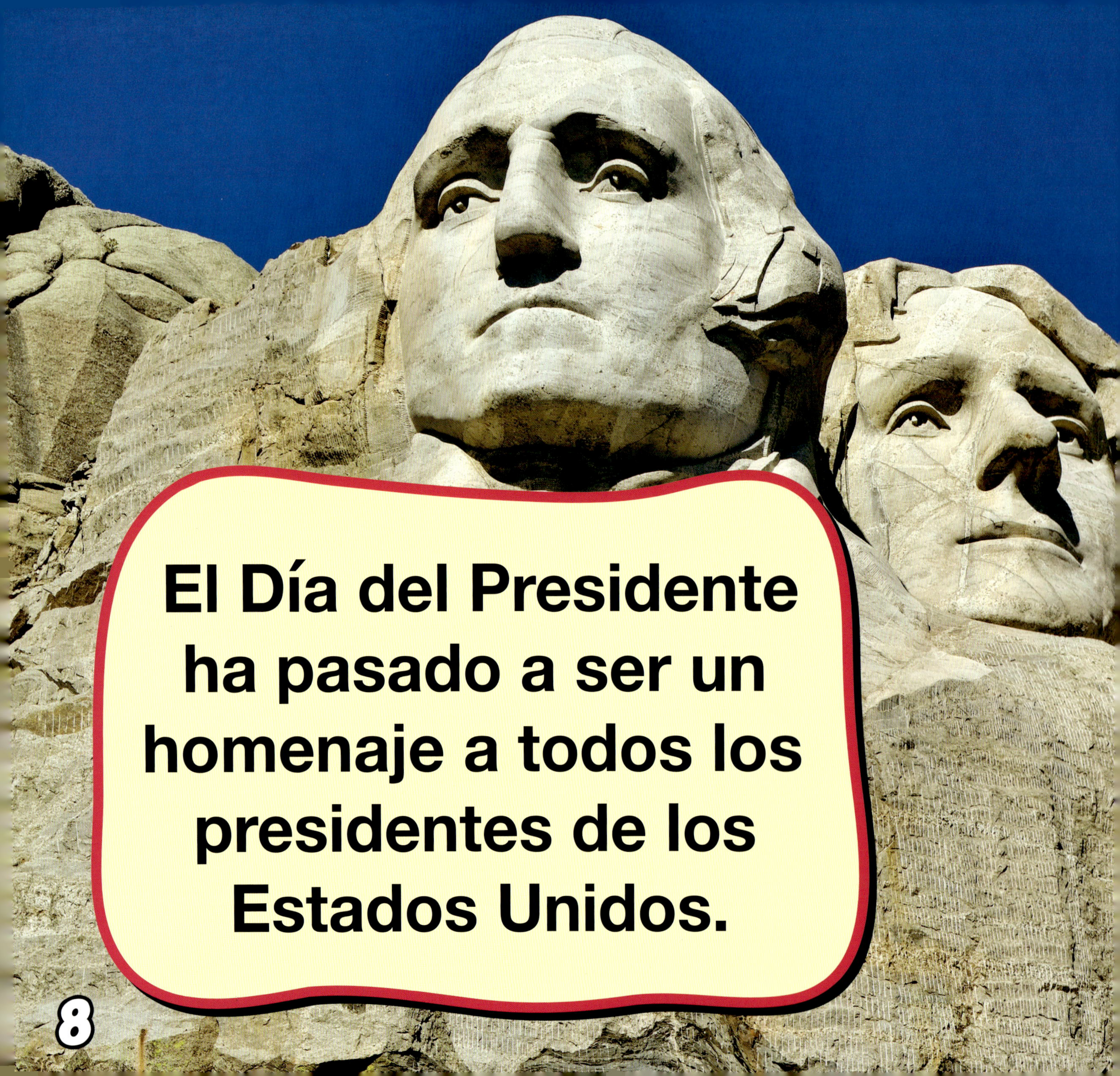

El Día del Presidente ha pasado a ser un homenaje a todos los presidentes de los Estados Unidos.

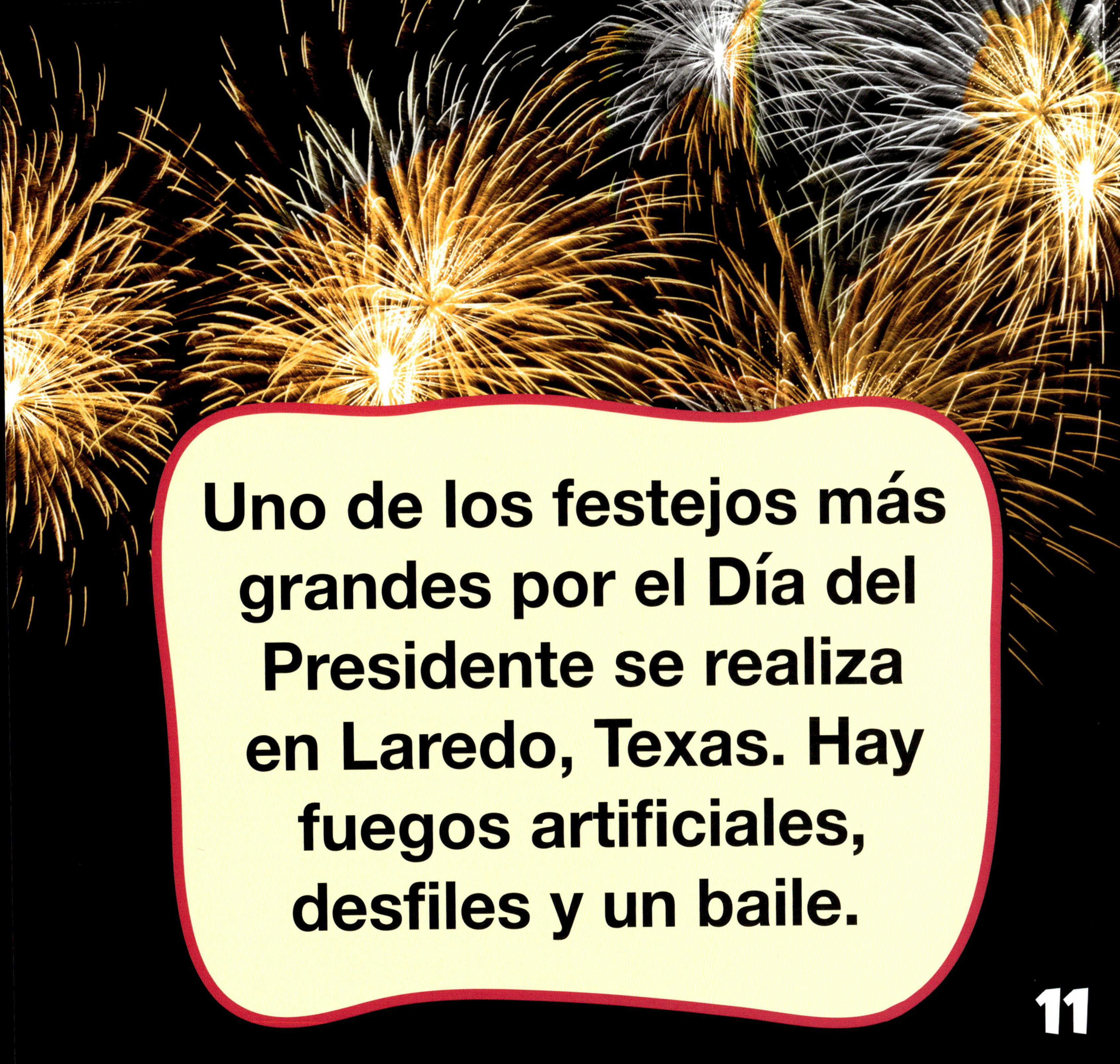

Uno de los festejos más grandes por el Día del Presidente se realiza en Laredo, Texas. Hay fuegos artificiales, desfiles y un baile.

Celebrating G.Washington

Las carrozas que desfilan en el Día del Presidente suelen estar decoradas de rojo, blanco y azul, los colores de la bandera estadounidense.

En el Día del Presidente, algunos se disfrazan y representan hechos históricos.

IS ENSHRIN FOREVER
KENTUCKY SOCIETY OF WASHINGTO

En el Día del Presidente, la gente suele visitar los monumentos y dejar coronas de flores en honor a los presidentes pasados.

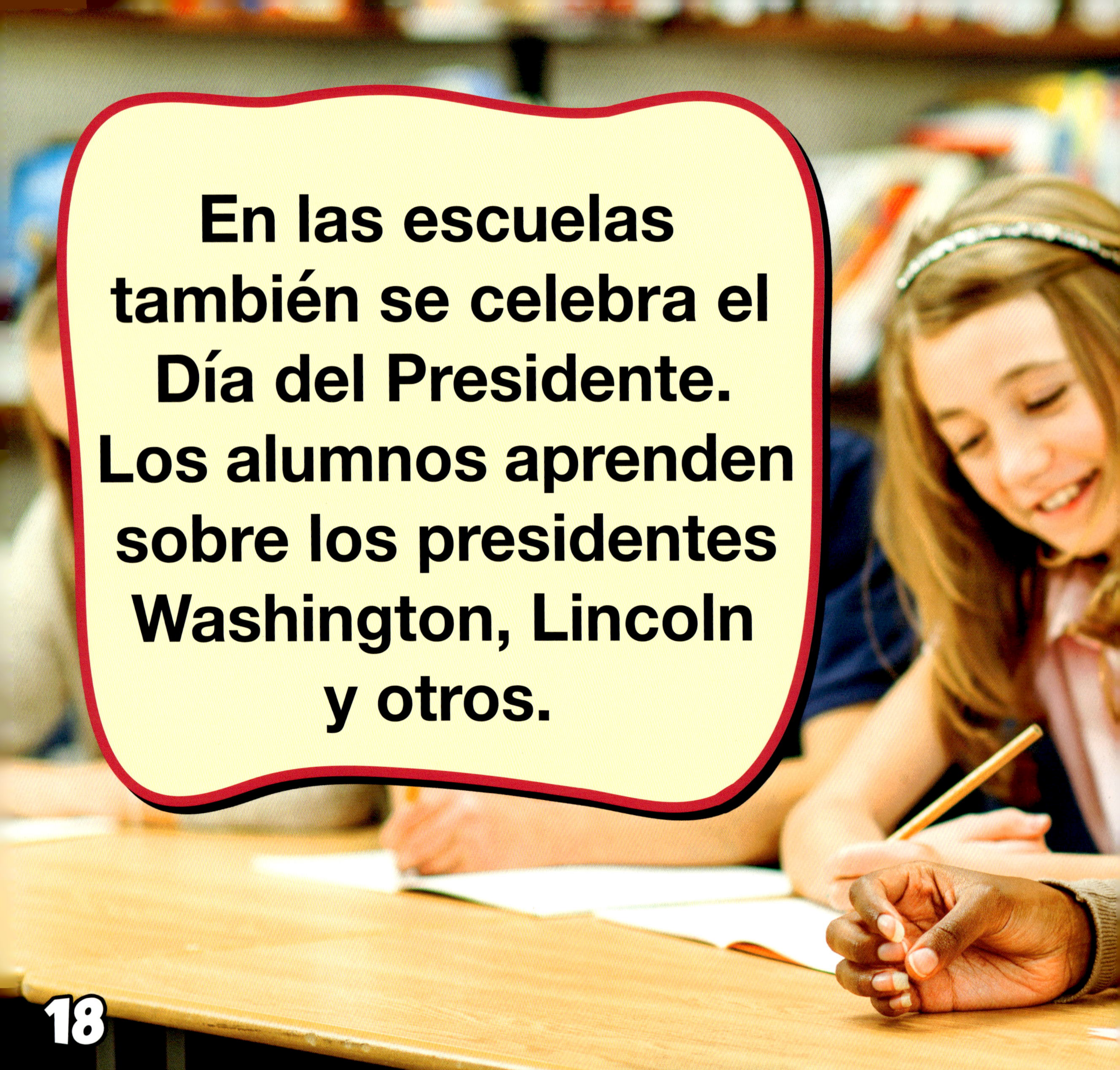

En las escuelas también se celebra el Día del Presidente. Los alumnos aprenden sobre los presidentes Washington, Lincoln y otros.

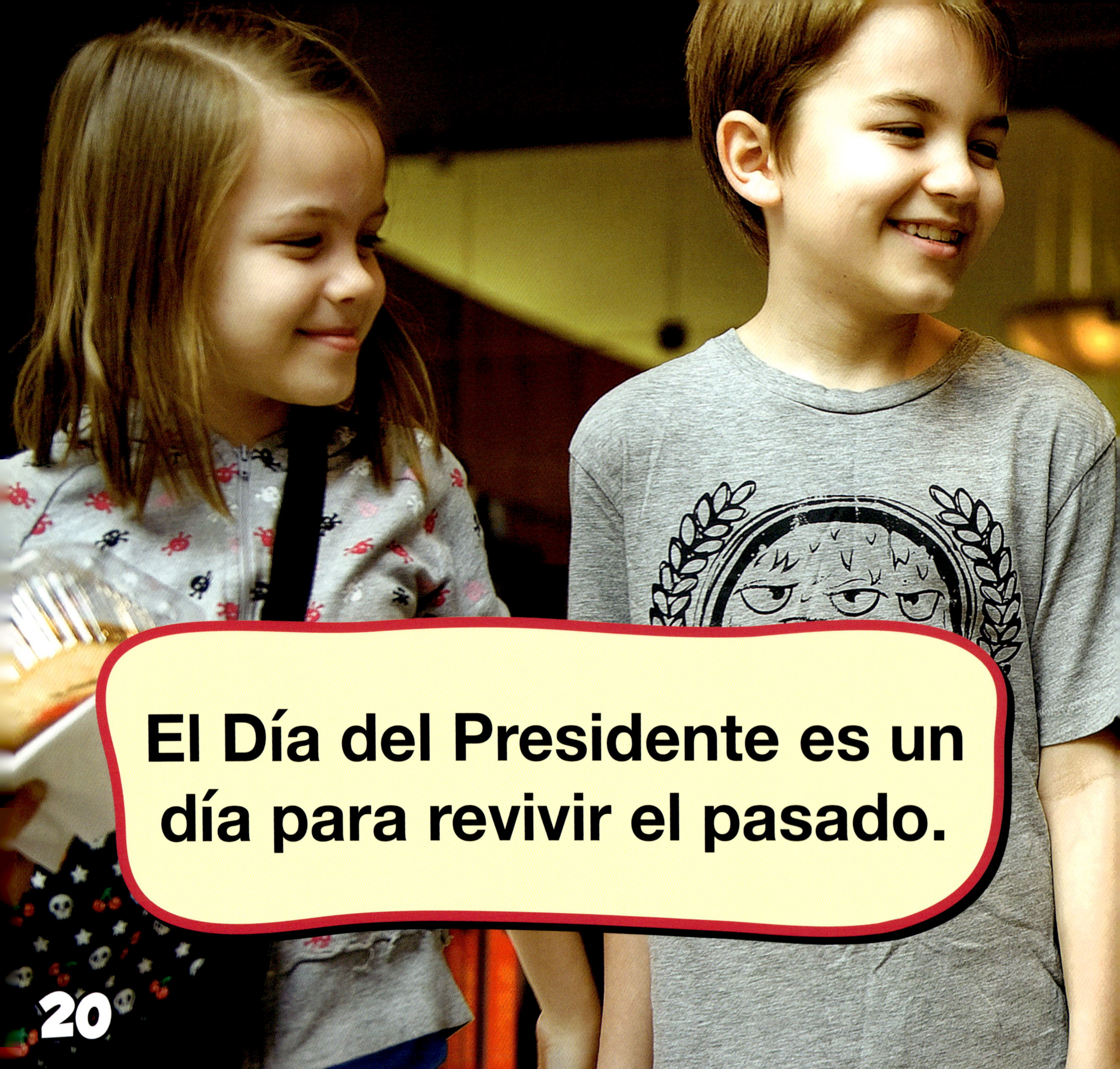
El Día del Presidente es un día para revivir el pasado.

EL DÍA DEL PRESIDENTE EN NÚMEROS

Hace **más de 120 años**, el **día del nacimiento de George Washington** fue declarado feriado.

Hubo **cuatro presidentes de EE.UU.** que **nacieron en febrero**: George Washington, Abraham Lincoln, William Harrison y Ronald Reagan.

El Día del Presidente se trasladó a un lunes en 1968.

El ***Día del Presidente*** se llama oficialmente el **Día del nacimiento de Washington**.

George Washington fue el **primer** presidente de EE.UU.

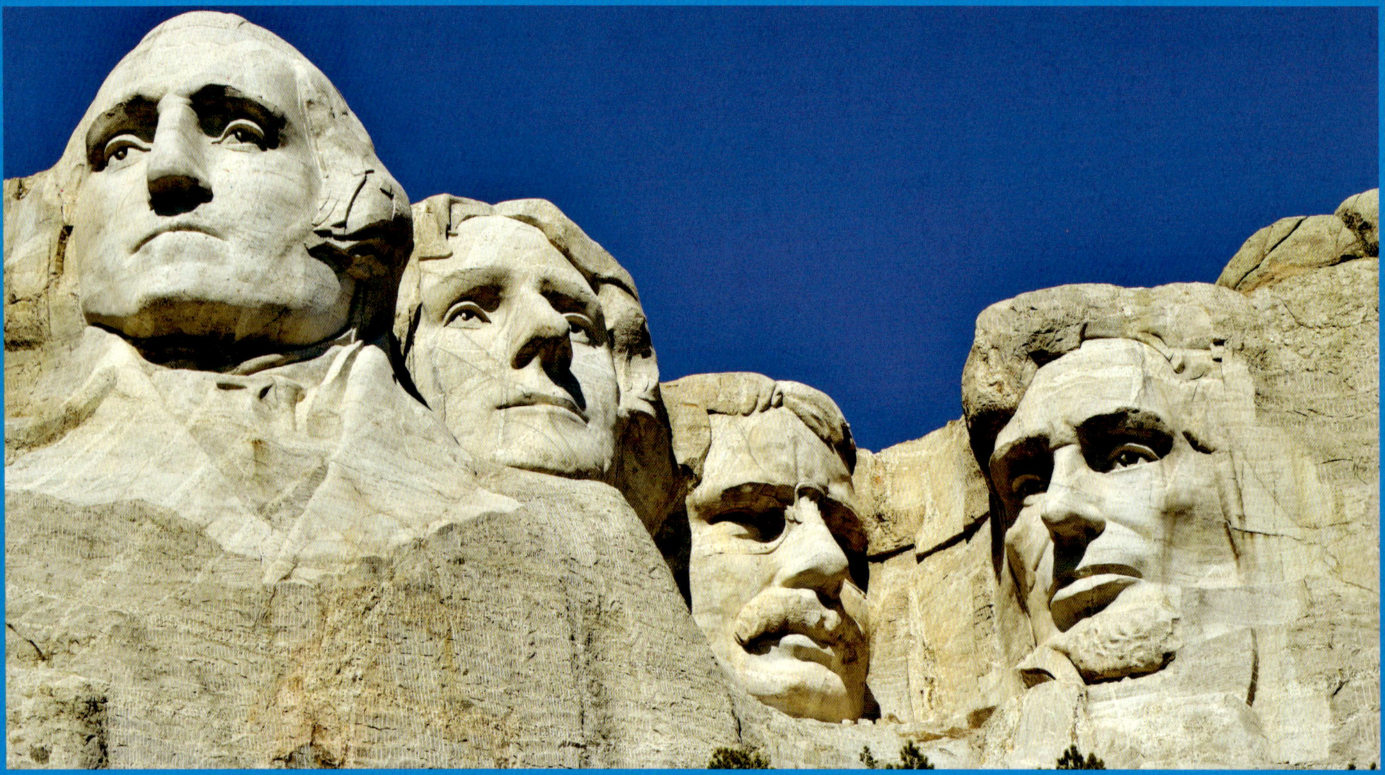

Mira
El contenido de video da vida a cada página.

Navega
Las miniaturas simplifican la navegación.

Lee
Sigue el texto en la pantalla.

Escucha
Escucha cada página leída en voz alta.

Ve a www.openlightbox.com e ingresa el código único de este libro.

CÓDIGO DEL LIBRO

AVB72879